Jannes Weber

WATT WITZE WISSEN

Witziges und Wissenswertes über die Nordsee

JOHANNES
Schimmsel
VERLAG

Alle Rechte vorbehalten
Johannes Schimmsel Verlag 2023
www.johannes-schimmsel-verlag.de
ISBN 978 3 98898 001 4

Vorwort 6

Vorfreude 8

Strandgut 16

Auf den Grund gegangen 48

Tierisch 58

Hafengeschichten 80

Mahlzeit 94

Außerdem 106

Lieblingsbilderrätsel 114

Vorwort

Es ist erwiesen, dass Lachen glücklich macht und zu einer deutlichen Reduktion von Stresshormonen führt. Wenn wir zudem etwas Neues lernen, wird im Körper Dopamin ausgeschüttet. Dann ist da noch das Meer. Gleich mehrere Studien belegen, dass die meisten Menschen am Meer glücklicher sind. Halten wir also fest: Lachen macht glücklich, Wissen macht glücklich und die Nordsee macht glücklich. Dieses Buch soll die drei Glücklichmacher vereinen und dir gleichzeitig ein Stück Nordsee nach Hause bringen.

Viel Vergnügen!

VORFREUDE

"Ich freue mich auf unsere romantischen Spaziergänge, wenn wir wieder an der Nordsee sind."

WATT WITZE WISSEN

Das es am Meer oft sehr windig ist, liegt daran, dass das Meer die Luft kühlt. Direkt über dem Wasser ist die Luft somit kälter als weiter oben im Himmel. Durch diesen Temperaturunterschied entstehen Hochdruckgebiete in Bodennähe und Tiefdruckgebiete im Himmel. Da sich Druckunterschiede in der Luft ausgleichen, entsteht Wind.

Die liebevoll als Friesennerz bezeichnete Regenjacke stammt, anders als vermutet, aus Dänemark. Dort wurde sie 1965 von Jan E. Ansteen Nielsson auf den Markt gebracht. Die knallgelbe Farbe sorgt für eine gute Sichtbarkeit bei schlechtem Wetter und die Klappen über den Taschen verhindern, dass Regen in die Taschen gelangt. Ursprünglich war die Jacke für Fischer entworfen worden.

Danke, aber ich möchte meine Koffer lieber selber tragen!

WATT
WITZE
WISSEN

Das Wort „Thalasso" leitet sich vom altgriechischen „thálassa" ab, was „Meer" bedeutet. Es bezeichnet die Therapie von Krankheiten durch Seebäder, Meeresluft, Algen sowie Schlick und Sand.

STRANDGUT

> Hildegard, ich wollte es dir schon lange gestehen. Ich steh auf Deich!

Bevor es an den Strand geht, läuft man erst mal über einen Deich. Ein Deich ist ein künstlich angelegter Schutzwall aus Erde, Stabilisatoren, Pfosten und wellenresistenten Abdeckungen entlang der Küste des Festlandes. Die ersten Deiche wurden bereits im Mittelalter errichtet. Sie dienen dem Schutz tiefliegender Flachküsten gegen Fluten und Sturmfluten.

Die Nordseeküste ist auch bei Prominenten beliebt. Mit etwas Glück begegnet man am Strand der ein oder anderen Berühmtheit. Hier sehen sie zum Beispiel Einstein, der es sich im Sand gemütlich gemacht hat.

WATT
WITZE
WISSEN

Die Nordseestadt Cuxhaven liegt direkt an der Elbmündung in die Nordsee. Hier führt der Weltschifffahrtsweg entlang, der mit ca. 40.000 Schiffen im Jahr zu den meistbefahrenen Wasserstraßen der Welt gehört. Da man dort so viele Schiffe beobachten kann, ist ein ehemaliger gepflasterter Parkplatz am Fährhafen in Cuxhaven zu einem der beliebtesten Wohnmobilstellplätze geworden.

Wissen Sie, mein Mann ist eine richtige Wasserratte!
Meiner auch!

Der Sand im Meer und an unseren Stränden besteht nur zu einem kleinen Teil aus zerriebenen Muscheln. Der größte Teil setzt sich aus verwittertem und erodiertem Gestein zusammen, welches von den Bergen aus über Flüsse und Seeströmungen bis zum Meer gelangt und sich in strömungsärmerem Gelände als Sandstrand ablagert. Der Sand besteht also zum größten Teil aus dem Gestein der Berge.

WATT WITZE WISSEN

Zwischen Massen gibt es Anziehungskräfte. Obwohl der Mond mehrere hunderttausend Kilometer von der Erde entfernt ist, zieht er das Wasser unseres Planeten durch die Wirkung seiner Gravitationskraft an. Flut entsteht also, weil sich das Wasser auf der dem Mond zugewandten Seite sammelt. Durch Zentrifugalkraft, die entsteht, weil sich die Erde um die eigene Achse dreht, entsteht auch auf der entgegengesetzten Seite der Erde eine Flut.
In den Bereichen dazwischen entstehen die Ebben.

An der Nordseeküste er Gabi das erste Mal.

WATT
WITZE
WISSEN

Der erste Strandkorb stammt aus dem Jahr 1882. Die wettergeschützte Sitzgelegenheit für den Strand wurde auf Wunsch einer rheumakranken Dame vom mecklenburgischen Korbmacher Wilhelm Bartelmann gefertigt. Da sich die meisten keinen dieser aus Reet geflochtenen Körbe leisten konnten, entstand die Idee, Strandkörbe zu vermieten.

WATT WITZE WISSEN

Silberfische erinnern mit ihren silbergrauen Schuppen zwar optisch an Fische, sind aber Insekten. Hat man sie im Haus, ist das kein Zeichen für mangelnde Hygiene, sondern ein Indiz für zu hohe Luftfeuchtigkeit oder Schimmelbefall. Regelmäßiges Lüften kann schon helfen, die ungebetenen Gäste zu vertreiben.

Lieber Klaus, da wir wissen, dass du im Urlaub eigentlich auf Action und Geschwindigkeit stehst, haben wir uns für den letzten Tag eine kleine Überraschung für dich überlegt...

ATT
WITZE
WISSEN

Entgegen dem weitverbreiteten Glauben, dass der Gruß „Moin" von dem Wort „Morgen" abstammt, wird „Moin" laut Duden vom Plattdeutschen Wort „moi" hergeleitet, was „angenehm, gut, schön" bedeutet.

Eine Idee für geschäftstüchtige Hobbybastler ist die „Strandkorb-Rikscha". Touristen können darin die schönsten Plätze an der Küste wettergeschützt und entspannt erkunden.

 Warum regnet es an der Küste weniger als im Binnenland? Schuld daran, ist die sogenannte Küstenkonvergenz. Luftmassen, die bei Nordwind von der Nordsee kommen, werden über der Küste abgebremst, stauen sich auf und verstärken die Wolkenbildung. So passiert es häufig, dass es im Binnenland regnet, während an der Küste und auf den Inseln die Sonne scheint.

Umgang mit Frisuren bei starkem Westwind.

Falsch.

Richtig.

WATT
WITZE
WISSEN

Wie wir schon erfahren haben, entsteht Wind, wenn Luftmassen mit unterschiedlicher Temperatur aufeinandertreffen. Die warme Luft steigt auf, weil warme Luft eine niedrigere Dichte hat und somit leichter ist. Die Bewegung der Luft als Wind entsteht, wenn anschließend kältere Luft nachströmt.

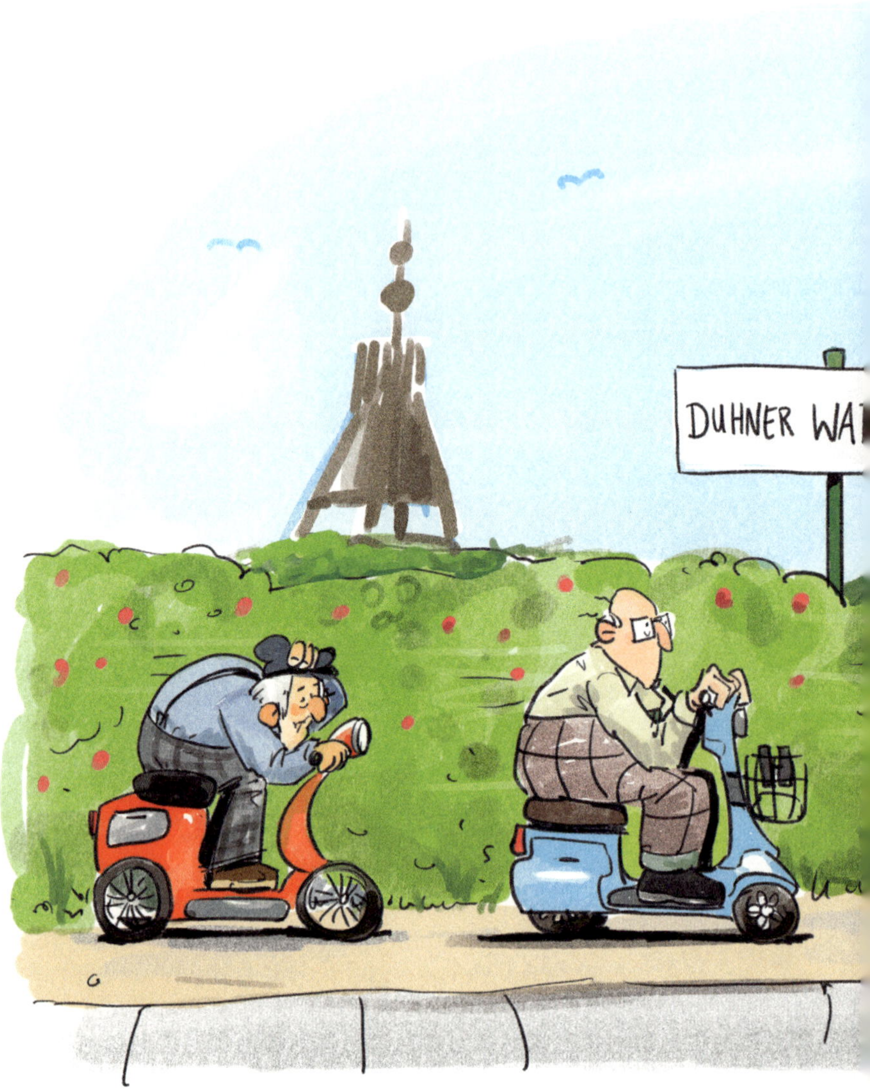
DUHNER WA

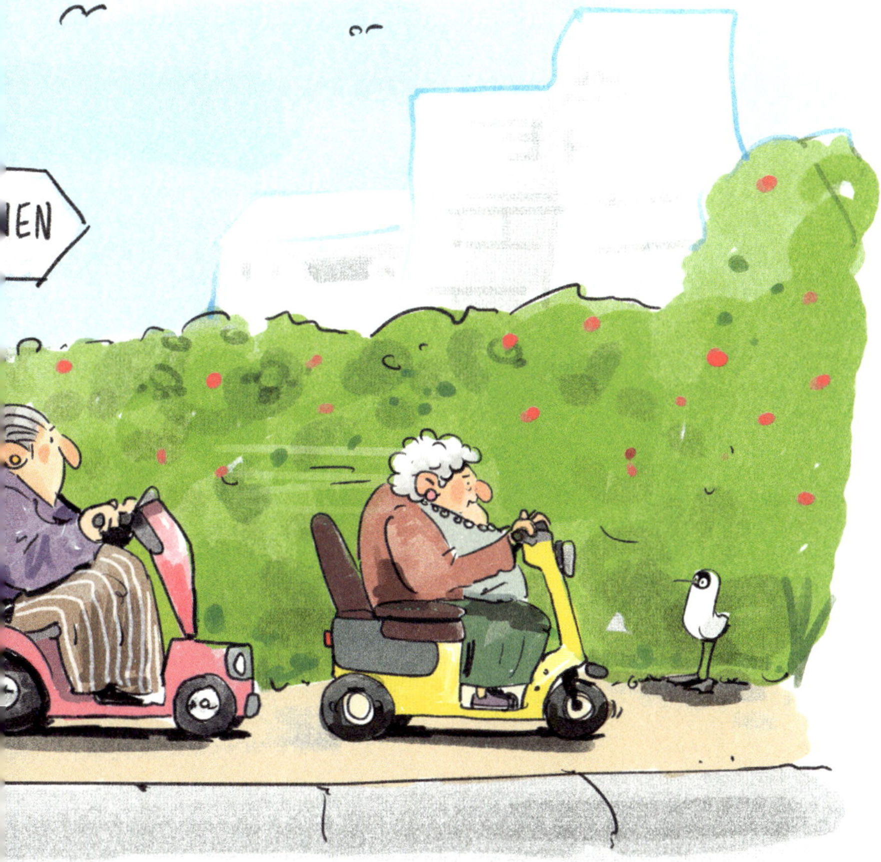
EN

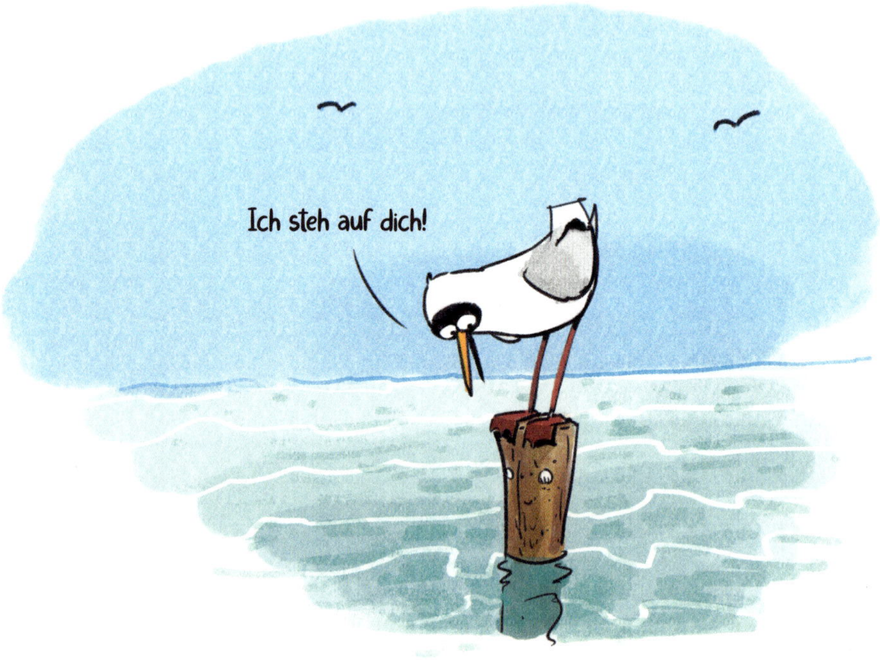
Ich steh auf dich!

> Passen Sie bitte auf die Möwen auf!

> Als ob die so schlimm wären.

WATT WITZE WISSEN

Möwen sind Allesfresser, deshalb durchsuchen sie auch gern mal Papierkörbe oder die Taschen der Strandbesucher. Die intelligenten Vögel sind sogar in der Lage, kleine Rätsel zu lösen um an Futter zu gelangen. Dabei schneiden sie fast so gut ab wie Papageien und Raben. Ihre natürliche Nahrung sind vor allem Fische, Krebstiere und Weichtiere.

Mann über Bord.

WATT
WITZE
WISSEN

Sylt gilt als das Surfrevier an der deutschen Küste. Ausgehend von Rettungsschwimmern, die mit ihren Rettungsbrettern anfingen, auf den Wellen herumzuexperimentieren, entstand auf Sylt in den 50er und 60er Jahren die deutsche Wellenreit Szene.

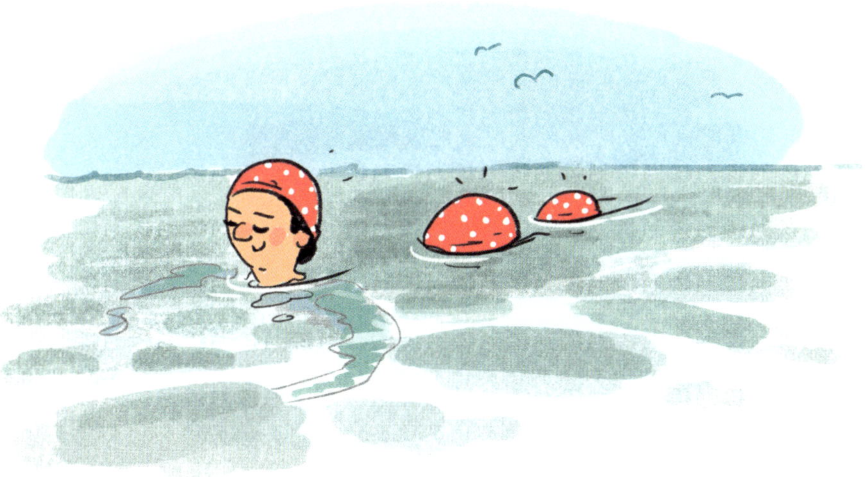

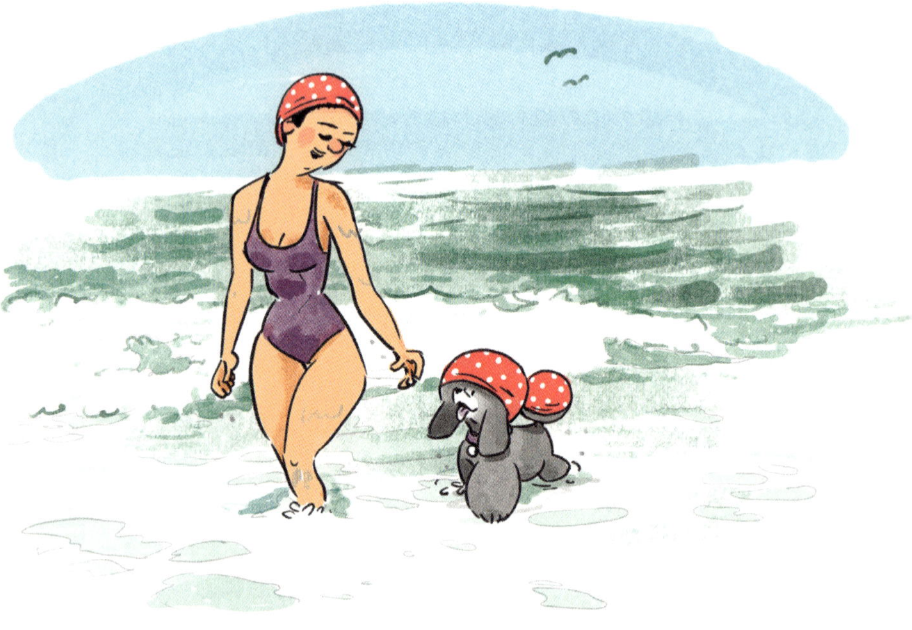

Spaßiges Bilderrätsel

Was sieht man häufig an der norddeutschen Küste und um deren Inseln herum?

Ein Tipp: Meist kann man den gesuchten Begriff besonders gut mit einem Fernglas oder von einem Schiff aus beobachten.

Antwort: Seehundbänke

AUF DEN GRUND GEGANGEN

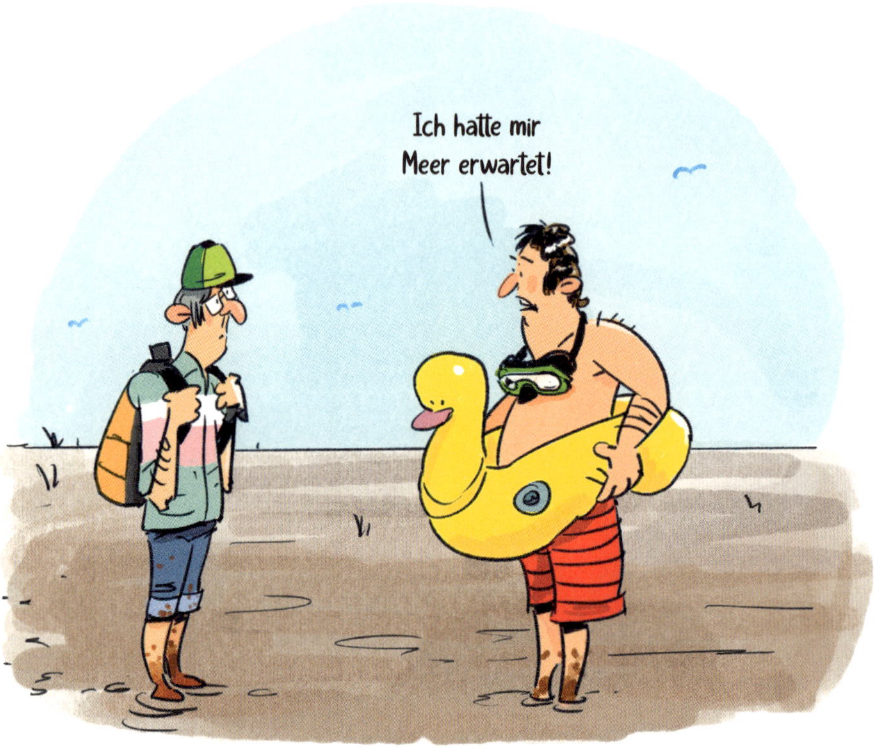
Ich hatte mir
Meer erwartet!

> Luke ich bin dein Watter!

WATT
WITZE
WISSEN

Das Wattenmeer ist eine Fläche von Küstenabschnitten die unter dem Einfluss der Gezeiten (Tiden) stehen. Die Fläche des Wattenmeers erstreckt sich vom Nordosten der Niederlande, über die Deutsche Bucht, bis in den Nordosten Dänemarks. Seit 2009 hat die UNESCO die Küstenlandschaft Deutschlands und der Niederlande zum Weltnaturerbe erklärt.

Missverständnis im Wattenmeer.

- Wat is dat?
- Watt.
- Wat dat is?
- Watt!
- Arsch!

WATT WITZE WISSEN

Den bei Niedrigwasser freiliegenden Meeresgrund des Wattenmeeres bezeichnet man als Watt. Watt besteht aus Sand-, Misch-, Schlick- oder Felswatt. Der Begriff Watt leitet sich vom altfriesischen Wortstamm „wada" her, was so viel wie „durch Schlamm oder seichtes Wasser waten" bedeutet.

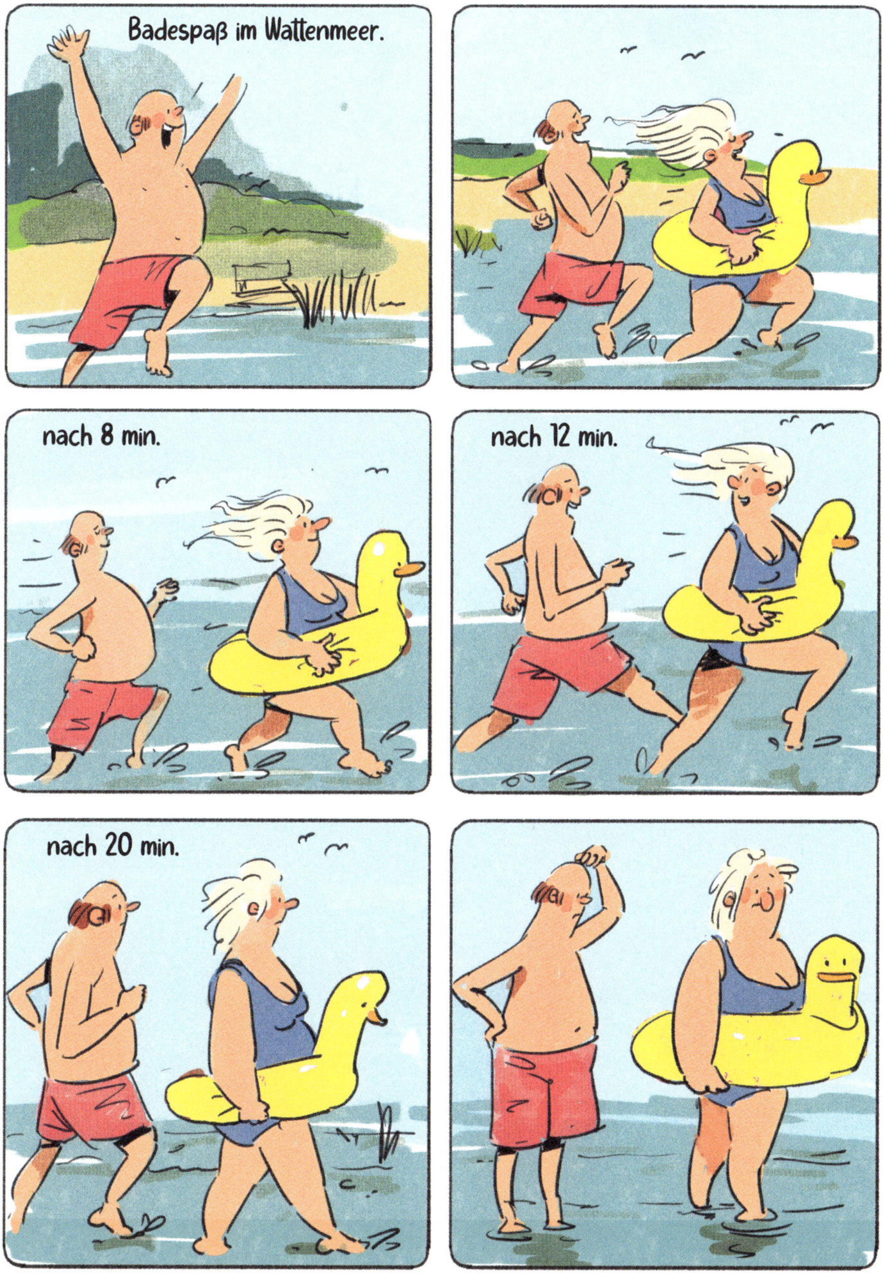
Badespaß im Wattenmeer.
nach 8 min.
nach 12 min.
nach 20 min.

Der gestiefelte Watter.

WATT WITZE WISSEN

Bei längeren Wanderungen durch das Wattenmeer empfiehlt es sich, sehr festsitzendes Schuhwerk zu tragen. Am besten eignen sich alte Turnschuhe, Socken oder festsitzende Aquaschuhe. Nicht zu empfehlen sind tatsächlich Gummistiefel, weil sie in der Regel nicht so fest am Fuß sitzen. Dadurch hat man weniger Gefühl für die Bewegung und rutscht schnell aus dem Stiefel. Für kleine Wanderungen in Strandnähe reichen sie aber aus.

Das Wasser ist so tiefgründig wie unsere Gespräche!

Anders als beim Modell aus dem Ruhrgebiet, wird ein Wattwagen in Cuxhaven von Pferden gezogen.

WATT WITZE WISSEN

Ein Wattwagen ist ein von Pferden gezogener Kutschwagen, der Passagiere vom Festland über das Watt transportiert. In Cuxhaven werden Wattwagen genutzt, um beispielsweise Besucher bei Ebbe auf die Insel Neuwerk zu transportieren.

Spaßiges Bilderrätsel

Welches physikalische Phänomen wird hier gezeigt?

Tipp: Es hat mit Ebbe und Flut zu tun.

Antwort: Der Mond zieht das Wasser an.

TIERISCH

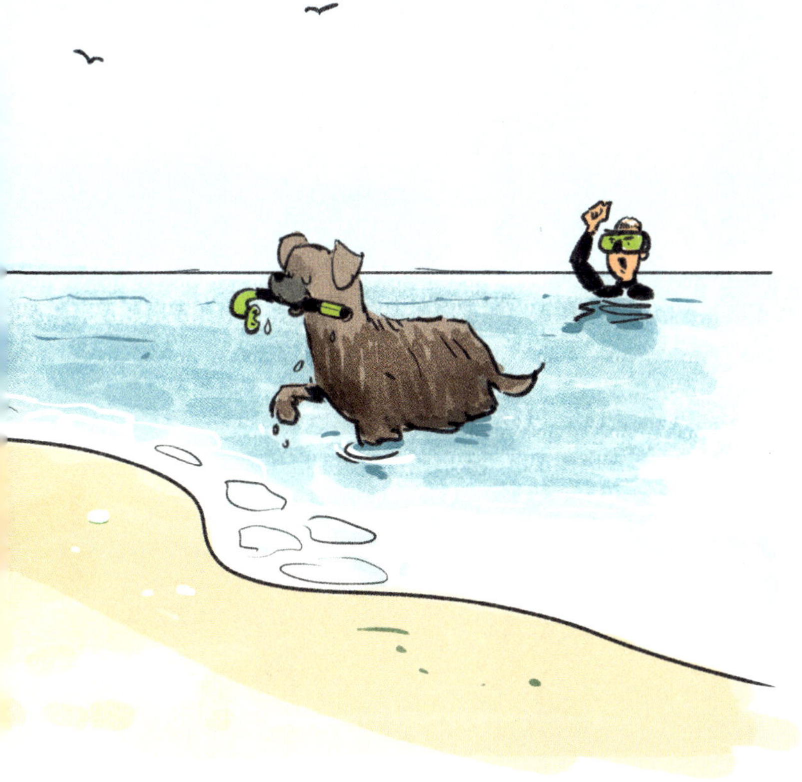

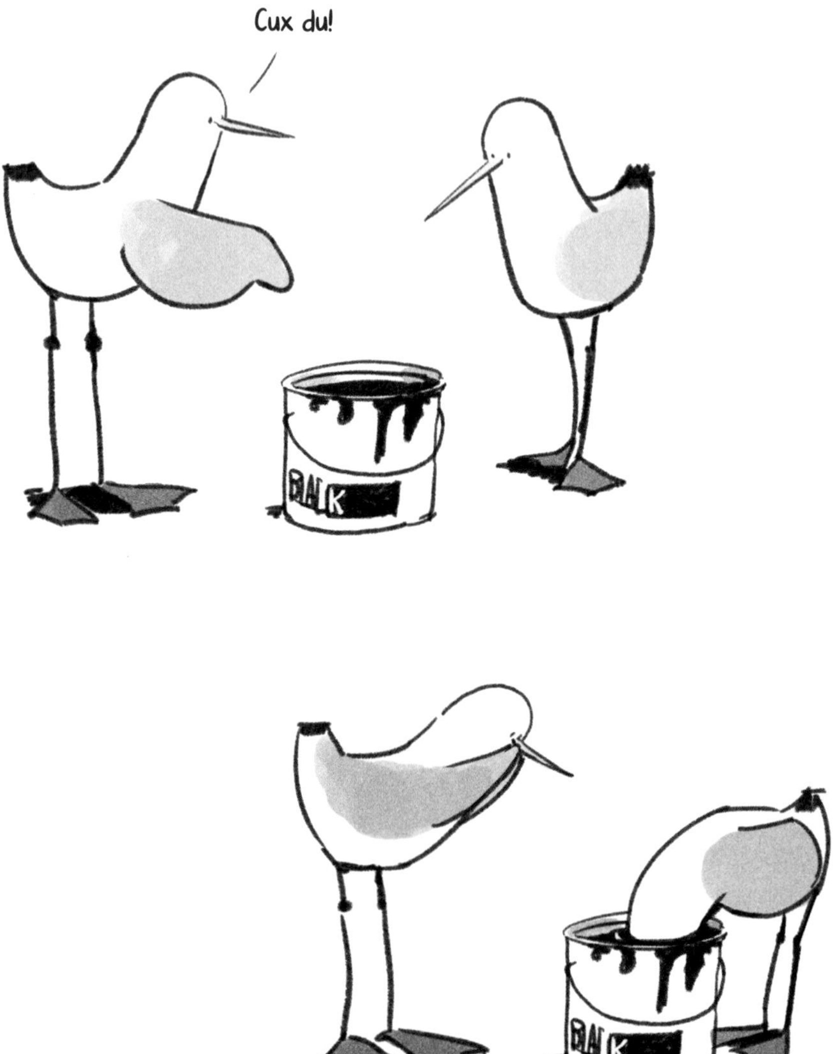
Cux du!

**WATT
WITZE
WISSEN**

Von April bis Juli ist für die Lachmöwe Brutzeit. Mit der Brutzeit ändert sich ihr Gefieder vom sogenannten Schlichtkleid mit weißen Federn zum Prachtkleid mit schwarzem Kopf. Lachmöwen haben also fast den ganzen Sommer über einen schwarzen Kopf. Den Rest des Jahres sind sie dann wieder weiß. Es handelt sich also nicht, wie von manchen vermutet, um eine andere Möwenart.

Fisch mit Schuppen.

**WATT
WITZE
WISSEN**

Fische haben Schuppen, um ihre sehr empfindliche Haut vor Parasiten und Bissen anderer Fische zu schützen. Je dicker die Schuppen, die im übrigen Knochenplatten sind, desto geschützter der Fisch.

Mit etwas Glück sind auch am Hafen ab und zu
Seehunde zu sehen.

Lachmöwe auf Norderney

WATT
WITZE
WISSEN

Der Name „Lachmöwe" leitet sich laut Experten vom Wort „Lache" ab, was ein altes Wort für „See" ist. Im Grunde weist der Name also darauf hin, dass Lachmöwen an Gewässern leben.

DER KÖNIG DER MÖWEN

Seepferd auf Borkum.

WATT
WITZE
WISSEN

Laut dem GEO Magazin galten Seepferdchen in der Nordsee lange für ausgestorben. Glücklicherweise wurden in den letzten Jahren wieder welche in der Nordsee entdeckt, z.B. in St. Peter-Ording. Mittlerweile weiß man, dass sich gerade vor Borkum mehrere, wenn auch wenige, angesiedelt haben. Seepferdchen sind schlechte Schwimmer und daher von gesundem Seegras abhängig, an welchem sie sich mit ihrem gekringelten Schwanz festhalten.

Zum Sport: Das diesjährige Duhner Wattrennen gewann überraschend Gerhard Woikowski aus Wuppertal.

WATT WITZE WISSEN

Das Duhner Wattrennen ist ein weltweit bekanntes Pferderennen, das seit 1902 bei Ebbe im Watt von Cuxhaven ausgetragen wird. International zählt das Rennen zu den aufsehenerregendsten Wettkämpfen im Pferderennsport.

Popstar Robbe Williams bei einem
Konzert in St. Peter-Ording.

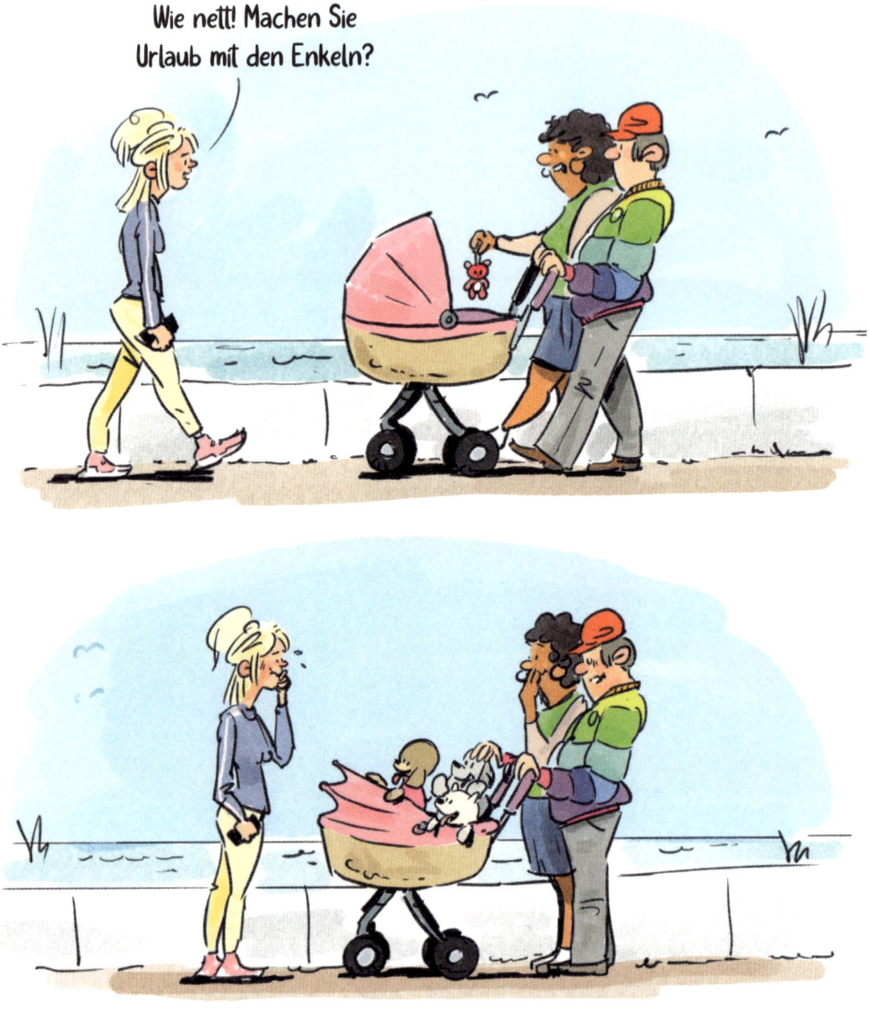
Wie nett! Machen Sie Urlaub mit den Enkeln?

Ich finde dich richtig Schaf!

WATT WITZE WISSEN

Was machen die Schafe auf dem Deich? Schafe sorgen nicht nur für geschnittenen Rasen auf dem Deich, sie sind vor allem für dessen Stabilisierung wichtig. Durch ihr Laufen an den Deichhängen, verdichtet sich der Erdboden, wodurch wiederum die Graswurzeln stabiler werden. Das Gras dient als Schutzschicht für den Deich.

> Ich vermisse die Nordsee!

WATT WITZE WISSEN

Warum regnet es im Norden mehr? Je näher eine Region am Meer liegt, desto feuchter ist dort die Luft. Da der Norden mit der Deutschen Bucht nah am Meer ist, kann es dort mehr regnen. Direkt an der Küste macht der Niederschlagsunterschied prozentual aber tatsächlich weniger aus, als es dem einen oder anderen vorkommt.

Kegelrobben auf Helgoland.

Kegelrobbe   Seehund

WATT WITZE WISSEN

Es ist weit verbreitet, dass Kegelrobben mit Seehunden verwechselt werden. Tatsächlich sind Kegelrobben aber nicht die kleineren, runden Robben, sondern die größeren mit der spitzeren Kopfform.

> Durch das Objektiv scheint es, als wäre man direkt vor einer Robbe.

WATT WITZE WISSEN

Die Düne von Helgoland ist das Revier zahlreicher Kegelrobben und Seehunde. Bei Sonnenschein sonnen sich die putzigen Robben an den Stränden der Insel. Obwohl die Tiere an Besucher gewöhnt sind, ist es wichtig, einen Mindestabstand von 30 Metern zu wahren, um die Tiere und deren Lebensraum zu respektieren und sich selbst nicht in Gefahr zu bringen.

Moin.

WATT WITZE WISSEN

Sind Seehunde eigentlich mit dem Hund verwandt? Hunde und Robben entwickelten sich aus hundeartigen Vorfahren und sind daher dieser Gruppe zuzuordnen. Beide gehören zur Gruppe der Raubtiere und weisen auch sonst Ähnlichkeiten auf. Laut der Forscherin Prof. Dr. Frederike Hanke sind Robben z.B. genauso schlau und lernfähig wie Hunde und können ebenfalls mit Futter belohnt und gelockt werden.

Spaßiges Bilderrätsel

Welcher Begriff verbirgt sich hinter dieser Zeichnung?

Ein Tipp: Der gesuchte Begriff kommt aus dem Englischen.

Antwort: „Foodsharing"

HAFENGESCHICHTEN

Hat er dir auch erzählt, dass er ein eigenes Boot hat?

Hafen Boots Tour.

Meine Damen und Herren, hier spricht Ihr Kapitän! Ich begrüße Sie von der Brücke.
DECK 5

WATT
WITZE
WISSEN

Der Taschenkrebs ist an der gesamten Nordsee verbreitet. Sein bevorzugter Lebensraum sind sandige und steinige Böden in 30 bis 40 m Tiefe. Ein Taschenkrebs kann 20 bis 30 Jahre alt werden. Da sein Panzer nicht mitwachsen kann, „häutet" sich der Krebs ca. alle zwei Jahre. Ein ausgewachsener Taschenkrebs kann eine Panzerbreite von 20 bis 30 cm erreichen. Seinen Namen hat der Taschenkrebs durch die Ränder seines Panzers, die an eine genähte Ledertasche erinnern. Unter anderem auf der schönen Insel Helgoland gelten die als „Knieper" bezeichneten Scheren der Krabbe als Delikatesse.

Kapitän, würden Sie, nachdem Sie unserem kleinen Gast gezeigt haben, wie das Schiff gelenkt wird, unsere Passagiere mit einer Durchsage begrüßen?

Meine Damen und Herren, hier spricht Ihr Kapitän! Ich habe soeben einen fahren lassen...

Mein Mann ist ein wirklich herausragender Musiker.

**WATT
WITZE
WISSEN**

Die kleinen bunten Holzhäuser auf Helgoland werden Hummerbuden genannt. Sie waren früher die Schuppen und Werkstätten der Fischer. Dort wurden z.B. die Netze und Hummerkörbe zum Fangen der Hummer und Taschenkrebse repariert. Heute befinden sich darin Cafés, Bistros und Souvenirläden.

WATT WITZE WISSEN

Das Helgoländer Börteboot ist ein 10 Meter langes, 3 Meter breites und bis zu 8 Tonnen schweres, hochseetüchtiges Personentransportboot aus massivem Eichenholz. Es bietet bis zu 50 Personen Platz und wird traditionell zum Ausbooten der an der Helgoländer Reede ankernden Seebäderschiffe genutzt.

Nun, ich habe die Karte studiert und starte meine Route mit einem Budapester. Danach plane ich einen Stopp in Bolognese, um schließlich an mein Ziel, Malaga, zu kommen.

Heinz, wir sind privat hier!

WATT WITZE WISSEN

Warum werden Cuxhaven, Bremerhaven und auch Wilhelmshaven eigentlich mit v geschrieben? Das liegt daran, dass zur Gründungszeit der drei Städte die Amtssprache Plattdeutsch war, in der Hafen, in jener Zeit, mit v geschrieben wurde.

Es gibt kein falsches Wetter, nur falsche Kleidung!

Du kommst hier net rein!

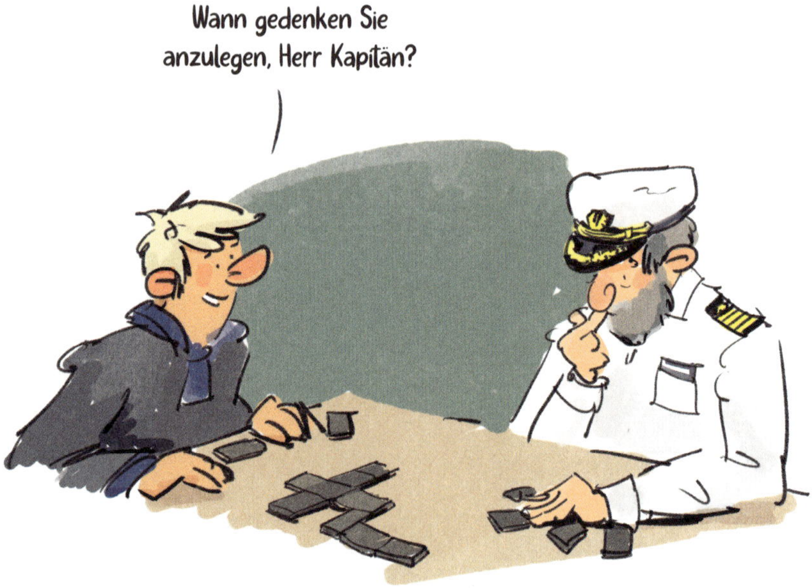
Wann gedenken Sie anzulegen, Herr Kapitän?

Spaßiges Bilderrätsel

Welches Tier wird gesucht?

Noch ein Tipp: Auf Helgoland ist das Tier sehr bekannt.

Antwort: Taschenkrebs

MAHLZEIT

~~FRISC~~
FRITTIE
FISC

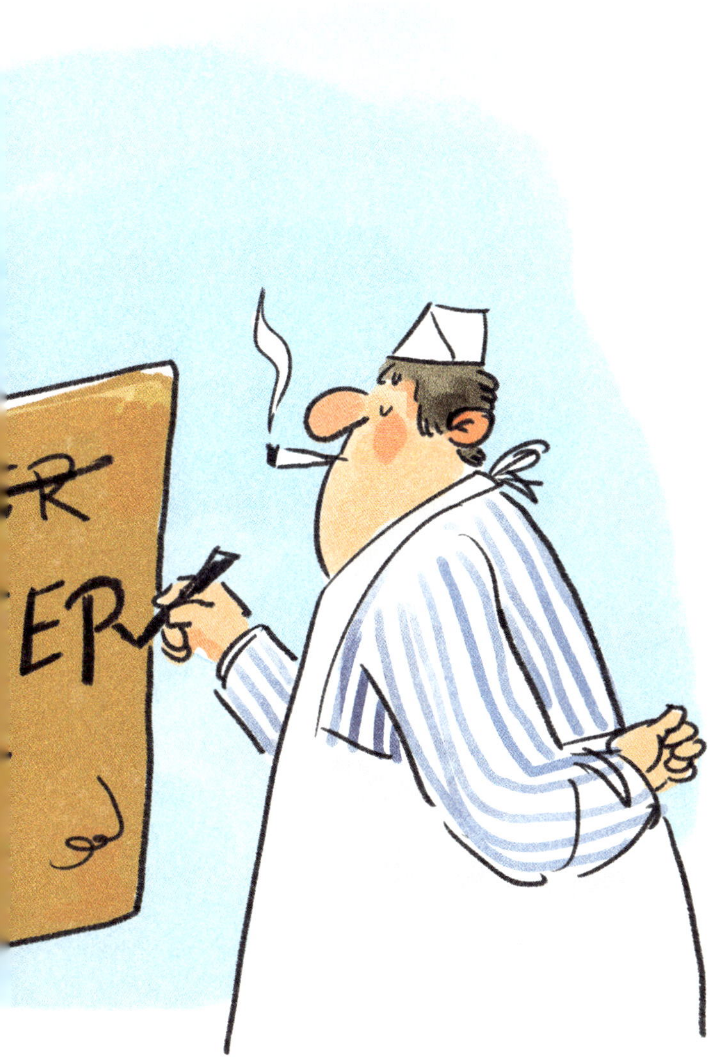

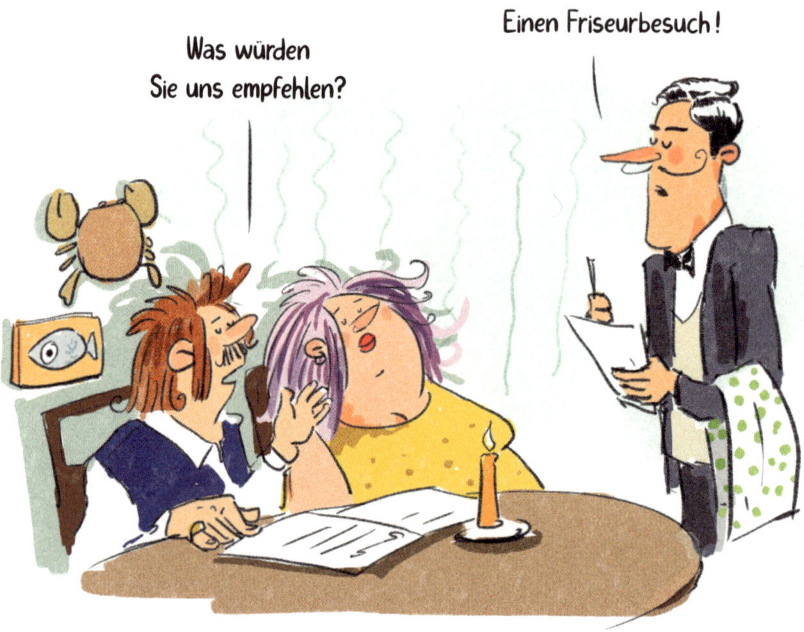
Was würden
Sie uns empfehlen?
Einen Friseurbesuch!

"Backfisch"

Backfisch Rezept
Zutaten: Seelachsfilet, 125 g Mehl, 1 Ei, Zitronensaft, 1 TL Backpulver, 1 EL Öl, 250 ml Bier.

Die Fischfilets mit Zitronensaft beträufeln. Mehl, Backpulver, Ei, 1 EL Öl und das Bier mit einem Schneebesen verrühren. Den Teig 10 Minuten ruhen lassen. Pfanne mit Öl erhitzen. Fischfilets salzen und pfeffern, kurz in Mehl wenden und dann durch den Backteig ziehen. Dann in die heiße Pfanne geben und von jeder Seite etwa 5 Minuten braten.

> Ich hätte gern wieder Wasser.

> Da müssen Sie noch etwa 6 Stunden warten.

WATT WITZE WISSEN

Ebbe und Flut wechseln sich ca. im Sechs-Stunden-Rhythmus ab. Das liegt an der Erdrotation. Es dauert ungefähr 12 Stunden und 25 Minuten von Hochwasser zu Hochwasser und von Niedrigwasser zu Niedrigwasser, so verschiebt sich der Zeitpunkt von Hochwasser und Niedrigwasser jeden Tag um ca. 50 Minuten. Beispiel: Wenn am Samstag um 18 Uhr Hochwasser wäre, wäre es am nächsten Tag, also am Sonntag, um 18:50 Uhr.

Weinender Matrose.

Nordseemöwen können zuweilen sehr trickreich sein,
um an Futter zu kommen.

WATT
WITZE
WISSEN

Möwen klauen Futter nicht nur beim Menschen, sondern auch in der Tierwelt. Laut einer Recherche der Süddeutschen Zeitung, suchen sich Möwen gezielt aus, wo und bei wem sie klauen. Forscher haben beobachtet, dass Möwen dort zuschlagen, wo es viel Beute gibt und jemand schusselig wirkt. Für die Möwe ist durch diese Faktoren scheinbar die Wahrscheinlichkeit höher, dass sie bei einem Angriff wenigstens einen Teil des Futters erbeuten kann.

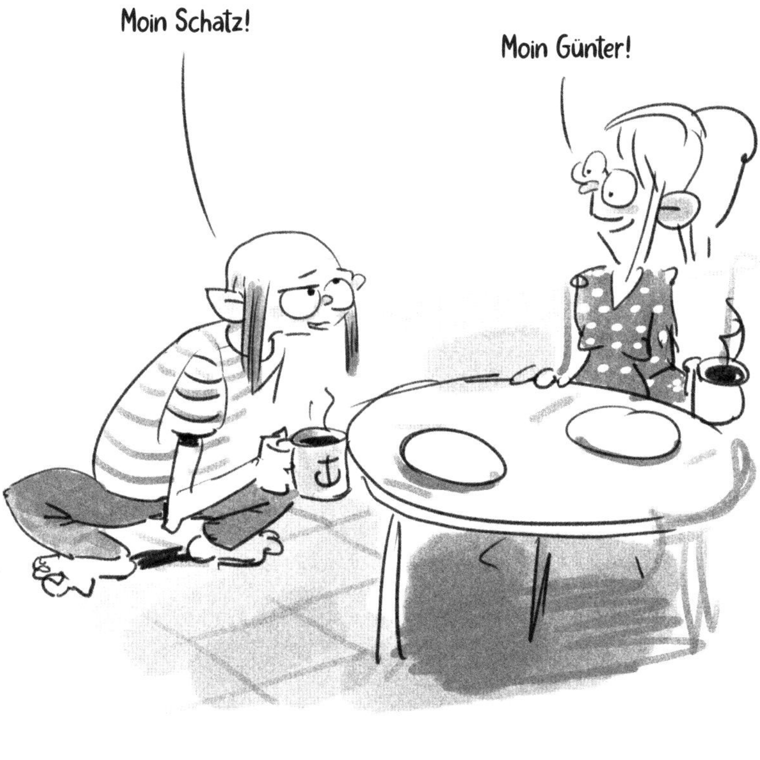
Moin Schatz!
Moin Günter!

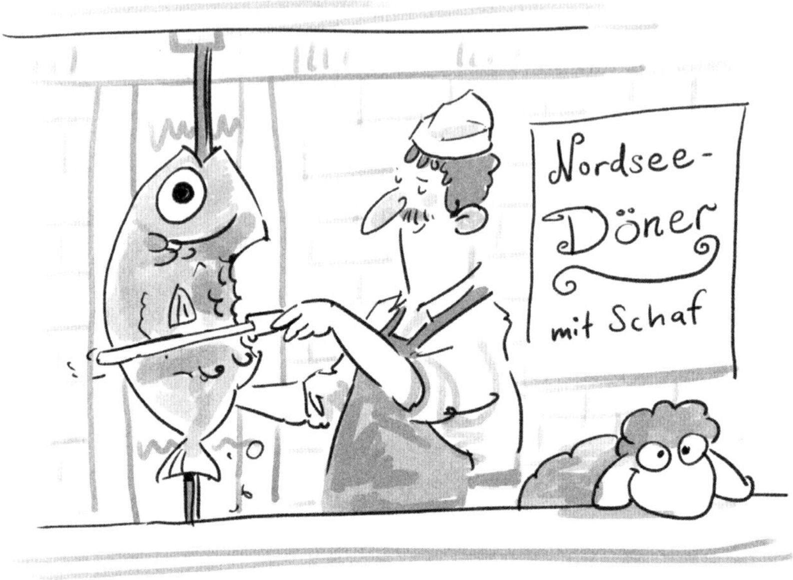
Nordsee-
Döner
mit Schaf

> Ich hätte gerne den Butterfisch, aber bitte mit Margarine.

WATT WITZE WISSEN

Butterfische (Pholidae) sind langgestreckte, aalartige Meeresfische, die mit dem Barsch verwandt sind. Wegen ihres hohen Fettanteils werden sie Butterfisch genannt.

Sonnenuntergang am Weststrand von Norderney.

Spaßiges Bilderrätsel

Welche Frau ist die Kapitänin?

Antwort: Die Frau auf der Steuerbordseite (das ist die rechte Seite des Bildes) ist unsere Kapitänin. Man erkennt sie an den Fendern, die zum Schutz vor Zusammenstößen an ihrem Einkaufswagen hängen.

AUßERDEM

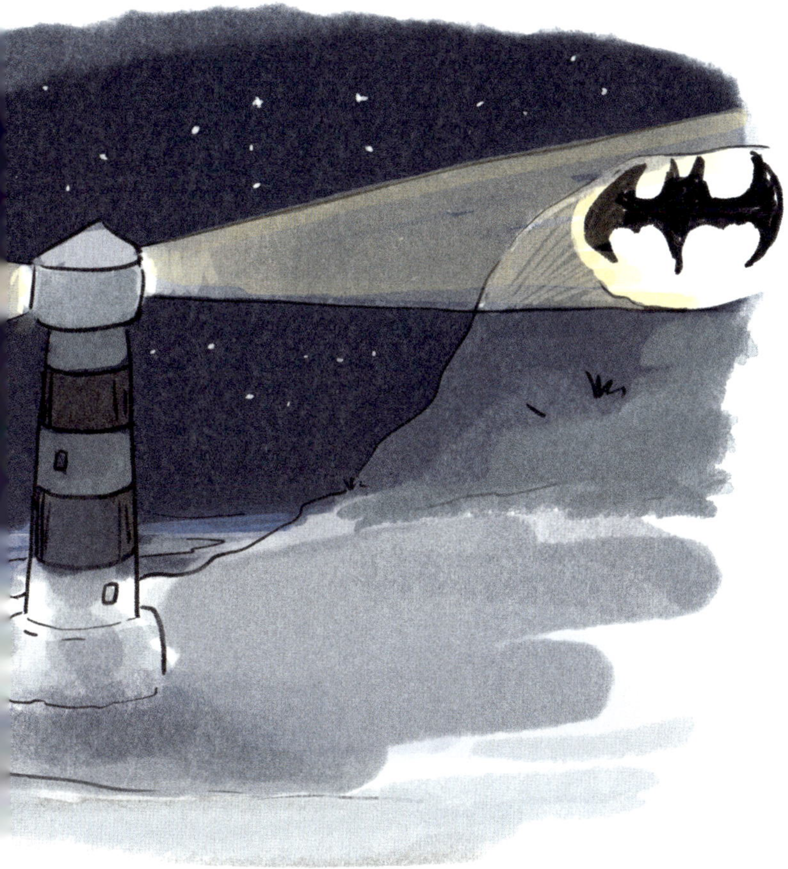

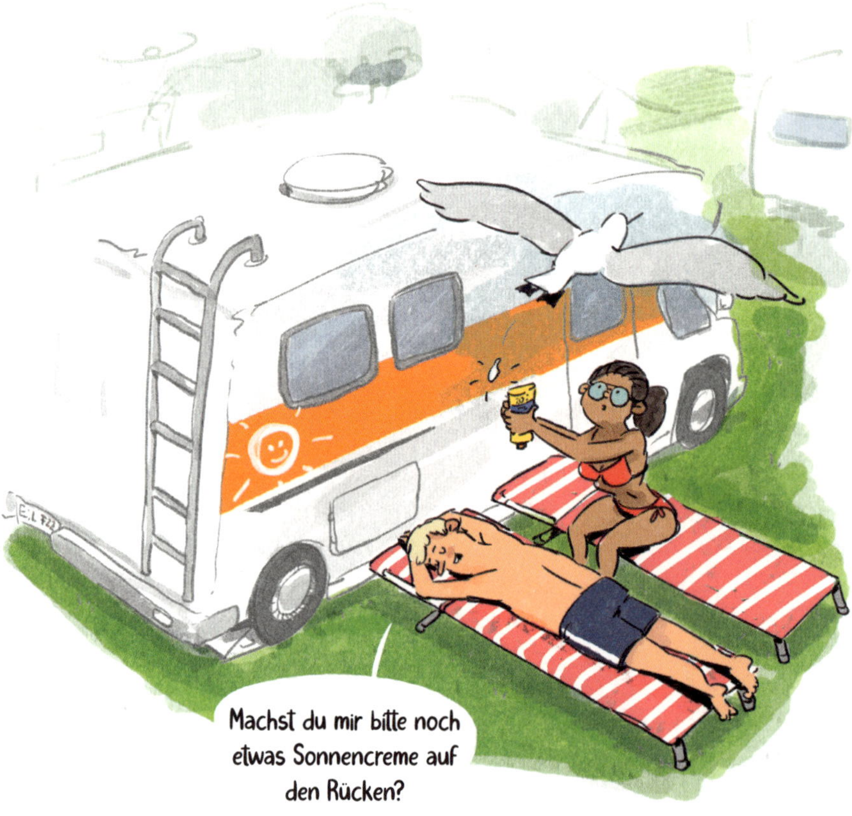
Machst du mir bitte noch etwas Sonnencreme auf den Rücken?

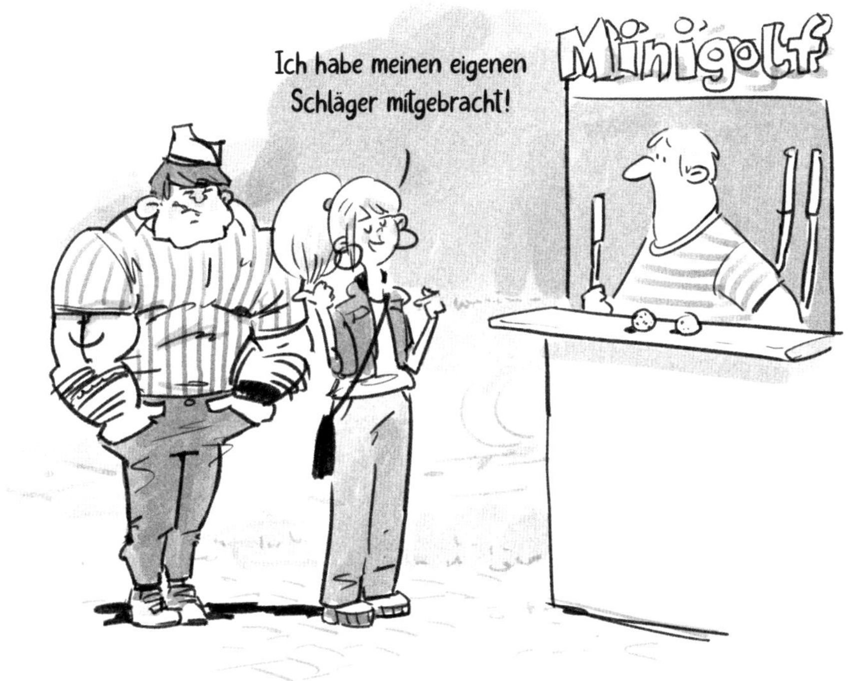
Ich habe meinen eigenen Schläger mitgebracht!
Minigolf

Lass uns hairaten!
Ja, Ja... Ja, ich will!!

Das da muss ein Weißer sein.

Die Altstadt von Cuxhaven.

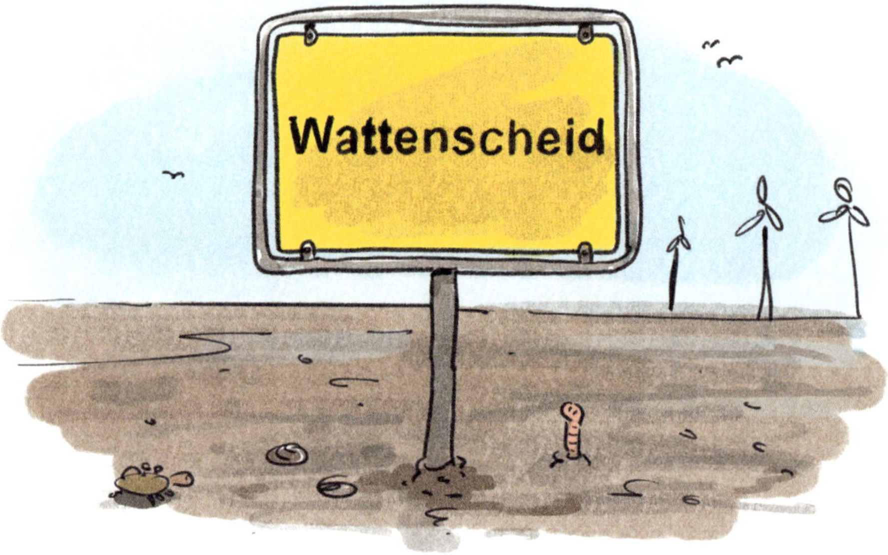
Wattenscheid

Karl Otto ist mittlerweile Schirmherr einer gemeinnützigen Organisation.

Hi!

? Rätsel Zum Schluss mein Lieblingsbilderrätsel:
Welcher Meeresbewohner ist hier gesucht?

Antwort: Ein Katzenhai. Der Katzenhai gehört zu den wenigen Haien, die sich auch ab und an im Wattenmeer herumtreiben.

Nordsee

Die See gibt den Takt vor.
Zufriedenheit, Vorfreude, Glück.
Alles geht seinen Weg.
Es tut gut hier zu sein.

JOHANNES
SCHIMMSEL
VERLAG

WIMMELBÜCHER FÜR JUNG UND ALT

Zusätzlich zum Alleinstellungsmerkmal, dass alle Figuren eigene Geschichten über die Wimmelseiten hinweg erleben, sind die Geschichten gleichermaßen für Kinder und Erwachsene geschrieben.

Was passiert mit Oma Elisabeth und wer hat sich die Perücke von Lord Nelson gemopst? Wen verzaubert die kleine Nixe diesmal? Unabhängig davon, ob man Cuxhaven und Helgoland kennt oder nicht, gibt es hier einiges zu entdecken.

Altersempfehlung 3-96 Jahre

www.johannes-schimmsel-verlag.

Das Cuxhaven Wimmelbuch: ISBN 978-3-000-74033-6
Das Helgoland Wimmelbuch: ISBN 978-3-988-98007-6

JOHANNES SCHIMMSEL VERLAG

JOHANNES SCHIMMSEL VERLAG

Text & Illustration: Jannes Weber
Alle Rechte vorbehalten
Johannes Schimmsel Verlag 2023
www.johannes-schimmsel-verlag.de
ISBN 978 3 98898 001 4